I0814265

Animales en el bosque

Julie Murray

Abdo Kids Junior es una subdivisión de Abdo Kids
abdobooks.com

Abdo
HÁBITATS DE ANIMALES
Kids

abdobooks.com

Published by Abdo Kids, a division of ABDO, P.O. Box 398166, Minneapolis, Minnesota 55439.

Abdo Kids Junior™ is a trademark and logo of Abdo Kids.

Printed in the United States of America, North Mankato, Minnesota.

102021

012022

Spanish Translator: Maria Puchol

Photo Credits: iStock, Shutterstock

Production Contributors: Teddy Borth, Jennie Forsberg, Grace Hansen

Design Contributors: Candice Keimig, Pakou Moua, Dorothy Toth

Library of Congress Control Number: 2021939751

Publisher's Cataloging-in-Publication Data

Names: Murray, Julie, author.

Title: Animales en el bosque/ by Julie Murray

Other title: Animals in forests. Spanish

Description: Minneapolis, Minnesota: Abdo Kids, 2022. | Series: Hábitats de animales | Includes online resources and index

Identifiers: ISBN 9781098260668 (lib.bdg.) | ISBN 9781098261221 (ebook)

Subjects: LCSH: Animals--Habitations--Juvenile literature. | Habitat (Ecology)--Juvenile literature. | Forest animals--Juvenile literature. | Forests and forestry--Juvenile literature. | Forest animals--Behavior--Juvenile literature. | Spanish language materials--Juvenile literature.

Classification: DDC 591.52--dc23

Contenido

Animales en el bosque

En el bosque viven muchos animales.

Los pájaros construyen nidos en lo alto de los árboles.

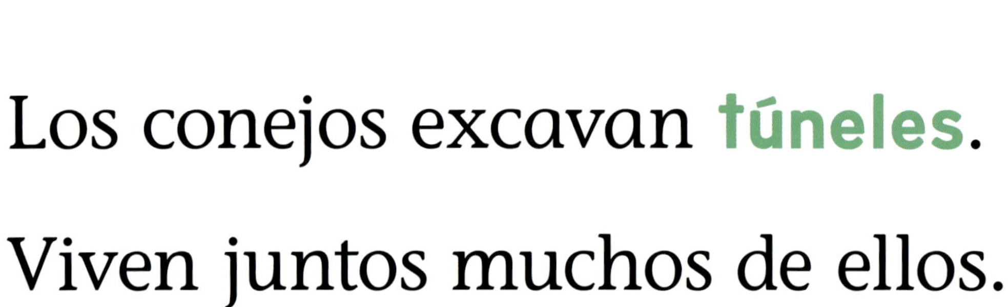

Los conejos excavan **túneles**.

Viven juntos muchos de ellos.

Las ardillas son buenas escaladoras. Buscan frutos secos.

Los zorros cazan ratones.
Se esconden entre las
hierbas altas.

A los ciervos les gusta comer bayas.

Los osos duermen en la **madriguera**, ahí pasan la mayoría del invierno.

Los búhos cazan por la noche.

Comen animales pequeños.

Los alces son grandes.

¡Sus **astas** pueden pesar

40 libras (18 kg)!

Más animales en el bosque

el lobo

el mapache

la pitón arborícola verde

el zorrillo

Glosario

astas
crecimiento óseo en la cabeza de la mayoría de los venados.

madriguera
lugar de descanso de algunos animales salvajes grandes.

túnel
agujero subterráneo de los animales que usan madriguera.

Índice

¡Visita nuestra página **abdokids.com** y usa este código para tener acceso a juegos, manualidades, videos y mucho más!

Los recursos de internet están en inglés.